Recortar y pegar

Ray Gibson

Diseño: Amanda Barlow

Ilustraciones: Michaela Kennard

Redacción: Jenny Tyler

Fotografías: Howard Allman y Ray Moller

Traducción: Pilar Dunster

Voy a hacer...

un camión

Recorta y pega
una ventana.

1. Recorta unos
cuadrados de papel
del tamaño del libro.

2. Dobla uno por la
mitad. Vuelve a
doblarlo. Corta por
los dobleces.

3. Pega dos cuadrados
grandes y un cuadrado
pequeño.

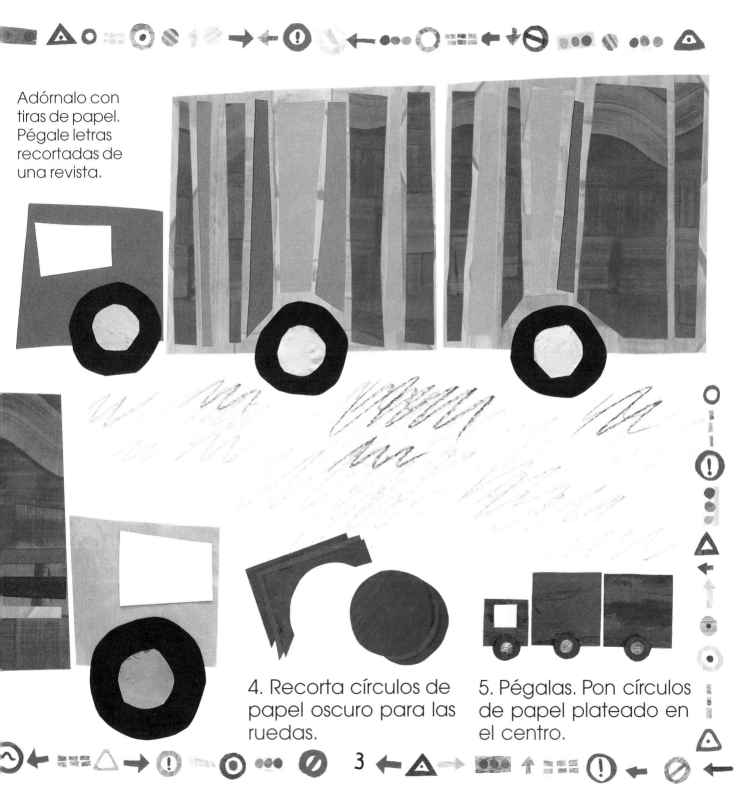

Adórnalo con tiras de papel. Pégale letras recortadas de una revista.

4. Recorta círculos de papel oscuro para las ruedas.

5. Pégalas. Pon círculos de papel plateado en el centro.

3

una oruga

1. Abre un sobre. Dóblalo por la mitad.

2. Haz un corte en "V" para asomar los dedos.

3. Recorta las esquinas.

4. Desdóblalo. Pinta los dos lados con una esponja.

4

Asoma los dedos por los agujeros.

5. Recorta y pega unos ojos de papel y una sonrisa enorme.

flores y abejas

1. Dibuja una flor con un lápiz de cera.

2. Recórtala. Pégale un centro de papel.

3. Haz más flores y algunas hojas.

4. Dibuja las abejas. Píntales rayas y ojos con un lápiz de cera. Recórtalas.

5. Dibuja las alas. Recórtalas.

Pega las alas en las abejas.

6. Pega todo como más te guste y haz un cuadro.

una tarjeta sorpresa

1. Dobla una cartulina alargada por la mitad.

2. Corta una tira de papel de regalo. Dóblala.

3. Vuelve a doblarla por la mitad y ábrela.

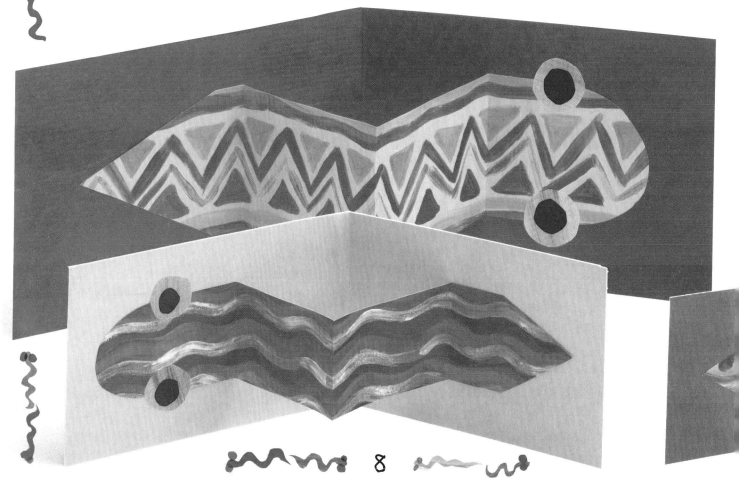

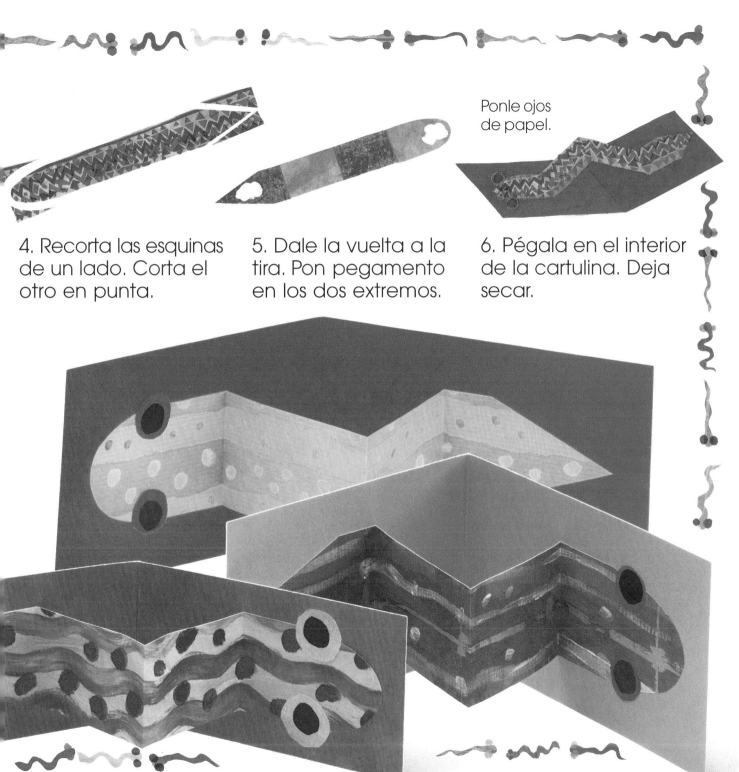

Ponle ojos
de papel.

4. Recorta las esquinas
de un lado. Corta el
otro en punta.

5. Dale la vuelta a la
tira. Pon pegamento
en los dos extremos.

6. Pégala en el interior
de la cartulina. Deja
secar.

una corona

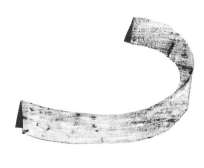

1. Dobla un pañito de papel dorado o plateado por la mitad.

2. Corta una tira doble de aluminio del tamaño de tu cabeza.

3. Coloca la tira de aluminio dentro del pañito doblado.

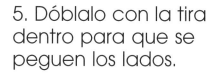

4. Abre el pañito. Pon pegamento en el borde de abajo.

5. Dóblalo con la tira dentro para que se peguen los lados.

6. Pega adornos de papel plateado, cintas y papel de color.

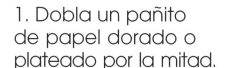

Pruébate
la corona.
Sujétala
con cinta
adhesiva.

Si no tienes un
pañito dorado o
plateado, pinta
uno blanco.

un pez colgante

1. Dibuja el cuerpo en papel de un color chillón.

2. Recórtalo. Pégale un ojo de papel.

3. Recorta unas tiras de papel. Pégaselas.

Pégale un
hilo para
colgarlo.

4. Pégale más adornos
de papel. Recorta lo
que sobre.

5. Recorta unos picos
de papel. Pégaselos
en la parte de arriba.

6. Corta tiras largas
de papel de seda.
Pégaselas en la cola.

13

una fogata

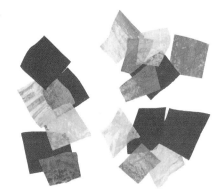

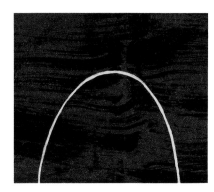

1. Corta trozos de color rojo, naranja y amarillo de una revista o de papel de regalo.

2. Recórtalos en forma de llamas puntiagudas.

3. Haz un dibujo como el del ejemplo en un papel oscuro.

4. Pega las llamas amarillas arriba, luego las de color naranja y más abajo las rojas.

5. Rellena los huecos con más llamas. Pega unos leños cruzados.

6. Haz el humo con pelusas de algodón. Pega estrellas y chispas de papel plateado.

una princesa de madera

1. Pinta una cuchara de madera por detrás.

2. Corta una tela del ancho del libro y del largo de la cuchara.

3. Envuelve la cuchara en la tela. Ponle cinta adhesiva detrás.

4. Recógela por arriba con una goma elástica.

Podrías pegar lentejuelas en el traje.

5. Pega unas hebras de lana detrás de la cabeza y a los lados.

6. Dibuja la cara. Recorta una corona de papel y pégasela.

un pulpo simpático

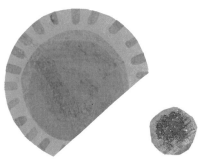

1. Corta un plato de papel como en el ejemplo. Necesitas los dos trozos.

2. Dale la vuelta al trozo grande. Píntalo de color verde con una esponja.

3. Pinta de verde y por los dos lados un papel fuerte. Déjalo secar y enróllalo.

4. Corta así el rollo de papel para hacer muchas tiras.

5. Pégalas en el lado del plato que está sin pintar.

6. Pega el trozo pequeño de plato por detrás. Será el asa.

Pega unos ojos
de papel y la
boca.

Si quieres, pega
más adornos de
papel en tu pulpo.

un monstruo con patas

También hay que pintarlos.

1. Corta por el medio una huevera de cartón. Pinta las dos partes.

2. Recorta los huecos redondos de otra huevera. Serán los pies.

3. Corta tres limpia-pipas por la mitad. Pégalos a los pies.

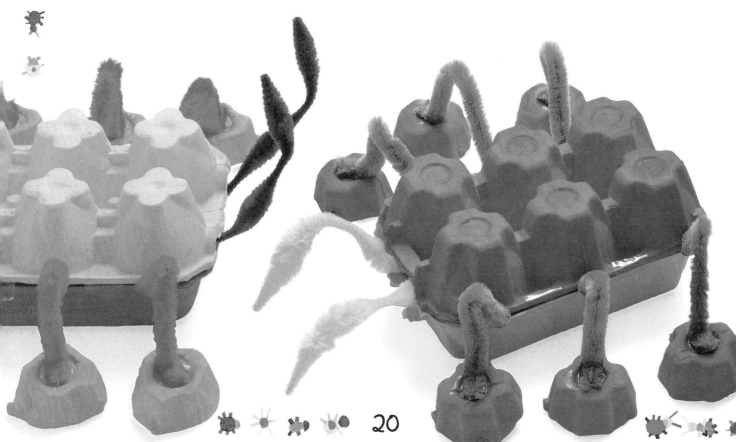

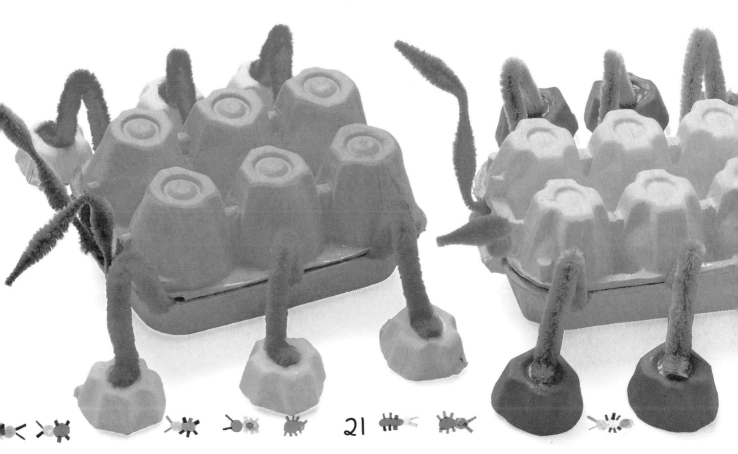

4. Pega las patas con cinta adhesiva dentro del cartón plano.

5. Dobla un limpia-pipas. Pégalo para ponerle antenas.

6. Pega encima la otra mitad de la huevera. Ya tienes el monstruo.

un paisaje nevado

1. Corta un círculo de cartón. Píntalo de color azul.

2. Recorta papel marrón en forma de ramas. Pégalas.

3. Haz recortes de papel o de tela verde. Pégalos, serán los arbustos.

4. Pega algodón para hacer los copos de nieve y el muñeco.

5. Haz el sombrero, la bufanda, los ojos y la boca de papel o tela.

6. Pega una luna de papel plateado y carámbanos en el árbol.

Pega una hebra de lana por detrás para colgar tu cuadro.

23

un pájaro picoteando

1. Dobla un plato de papel. Ábrelo y pinta rayas anchas por detrás.

2. Vuelve a doblarlo. Pega dentro un pico de papel.

3. Haz unos recortes de papel puntiagudos.

4. Pégalos en la cabeza del pájaro. Ponle el ojo.

También podrías recortar plumas de papel y pegárselas.

5. Corta varias tiras (del largo de tu mano) en papel seda de color vivo.

6. Retuerce todas las tiras juntas. Pégalas y serán la cola de tu pájaro.

Dale un toque en la cabeza para que picotee.

un collar

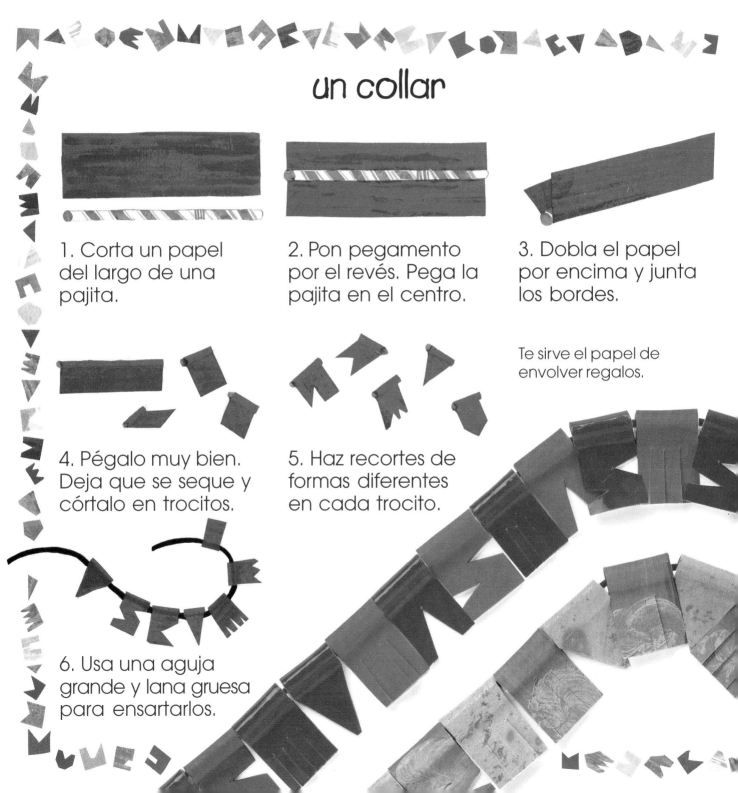

1. Corta un papel del largo de una pajita.

2. Pon pegamento por el revés. Pega la pajita en el centro.

3. Dobla el papel por encima y junta los bordes.

Te sirve el papel de envolver regalos.

4. Pégalo muy bien. Deja que se seque y córtalo en trocitos.

5. Haz recortes de formas diferentes en cada trocito.

6. Usa una aguja grande y lana gruesa para ensartarlos.

Pruébatelo en el cuello o en la muñeca y anuda los extremos.

un cohete

1. Forra un tubo de papel higiénico con tiras de papel.

2. Adórnalo con recortes de papeles de colores.

3. Pega un papel rojo y otro amarillo en una hoja de aluminio.

4. Deja secar. Córtalo en tiras delgadas.

5. Pégalas dentro de un extremo del tubo.

Para un cohete
más grande, usa el
tubo de un rollo de
papel de cocina.

29

un payaso narizotas

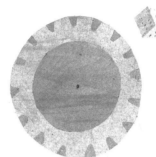

1. Con un lápiz haz un agujero en un plato de papel.

2. Pinta el plato por detrás de un color vivo. Déjalo secar.

3. Pégale dos botones (los ojos) y una boca de papel.

4. Pégale unas hebras de lana de color fuerte para el pelo.

5. Recorta dos trozos de cartón o cartulina para el sombrero.

6. Pégale una flor de colores recortada de una revista.

7. Pide ayuda para inflar con poco aire un globo.

8. Pásalo por el agujero. Sujétalo con cinta adhesiva.

Si sacudes la cabeza del payaso, se le moverá la narizota.

broches divertidos

1. Pinta un cerdito en una cartulina.

2. Recórtalo. Pégale un botón rosa.

3. Sujeta un imperdible por detrás.

También podrías hacer un pez...

un gato...

o una flor.